Histoire aux cheveux rouges

Maurice Yendt

Histoire aux cheveux rouges

Texte annoté
par
Anne Rommeru

Ernst Klett Sprachen
Stuttgart

1. Auflage 1 5 4 3 2 1 | 2014 13 12 11 10

Nachfolger von 978-3-12-592110-8

Alle Drucke dieser Auflage sind unverändert und können im Unterricht nebeneinander verwendet werden.

Internetadresse: www.klett.de / www.lektueren.com

Ansprechpartnerin Redaktion: Sylvie Cloeren

Redaktion: Régis Titéca
Satz: Dörr + Schiller GmbH, Stuttgart
Umschlaggestaltung: Sandra Vrabec
Titelbild: Fotolia LLC, © Svetoslav Iliev
Druck und Bindung: AZ Druck und Datentechnik GmbH, Heisinger Straße 16, 87437 Kempten/Allgäu
Printed in Germany

ISBN 978-3-12-592109-2

9 783125 921092

Table des matières

Introduction

1. L'auteur

C'est en 1960, à l'âge de 23 ans, que Maurice Yendt, auteur dramatique et metteur en scène fonde, à Lyon, le *Théâtre des Jeunes Années*.

À partir de 1977, Maurice Yendt assure avec Michel Dieuaide la direction artistique des « rencontres internationales » (RITEJ) qui seront, à partir de 1993, transformées et développées en « Biennale du Théâtre Jeunes Publics / Lyon ».

En 1981, le Théâtre des Jeunes Années devient « Centre Dramatique National ». Le TJA est alors, en France, le premier théâtre permanent pour les jeunes spectateurs.

De 1980 à 2001, Maurice Yendt met en scène 24 spectacles. Ces spectacles effectuent de nombreuses tournées en France et à l'étranger. Maurice Yendt a écrit 28 pièces, dont 15 textes dramatiques originaux, de nombreux articles et un essai.

2. La pièce de théâtre

Histoire aux cheveux rouges a d'abord été créée en 1973 à Marseille par le *Théâtre des Jeunes Années* et reprise sept ans plus tard à Lyon.

Un jeune homme aux cheveux rouges est contraint à l'exil. Il doit quitter le Pays de Cuivre où le soleil ronge la terre qui ne nourrit plus les hommes. Muni d'un certificat, chèrement payé à un passeur, il va tenter sa chance de l'autre côté de la ligne, dans ce

Pays bleu où, paraît-il, le travail abonde. Mais le Pays bleu est soumis à la pression délirante de l'ordre bleu : vivre bleu, travailler bleu, parler bleu, boire et manger bleu. Un pays où les habitants (aux cheveux bleus) lui réservent un accueil glacial. Humilié, découragé, Amer trouve cependant du réconfort auprès de Méthylène, une jeune fille (aux cheveux bleus, bien sûr !).

Histoire aux cheveux rouges, un exposé qui dénonce le racisme ordinaire en remontant aux sources et en analysant les conséquences de la xénophobie, n'a certainement rien perdu de son actualité car ce que l'auteur écrivait il y a presque vingt ans est toujours d'actualité.

Les dialogues de cette pièce sont restitués dans leur version intégrale, jusqu'ici inédite. Le texte original des didascalies a cependant été adapté avec l'accord de l'auteur afin d'en faciliter la compréhension.

3. Comment préparer votre lecture ?

- Lisez les conseils pages 8 et 9 pour comprendre plus facilement le vocabulaire.
- Informez-vous pages 94 et 95 sur le gérondif, une forme verbale que vous ne connaissez peut-être pas encore.
- Quand vous avez lu un chapitre, notez les éléments importants de l'histoire. Vous trouverez des informations sur le compte rendu de lecture pages 85 et 86.

Pour comprendre le vocabulaire

Si vous avez envie de lire un texte avec plaisir, lisez attentivement les lignes suivantes.

1. La famille du mot

Pour trouver le sens d'un mot, essayez de déterminer sa *famille*, c'est-à-dire sa racine.

un travailleur	*travail* + *-(l)eur* (→ une personne) *ici :* qn qui travaille
l'originalité	*original* + *-(i)té* (→ qc d'abstrait) *ici :* le fait d'être original
revenir	*re-* (→ wieder / zurück) + *venir*
décourager	*dé-* (→ Gegenteil) + *courage* + *-er* (→ verbe) *ici :* faire perdre courage.

2. Mots identiques en allemand, en anglais

Vous pouvez parfois deviner le sens de mots français à partir de mots allemands ou anglais que vous connaissez :

un **dictateur** (p. 63)	Diktator
un **soldat** (p. 10)	Soldat
un **labyrinthe** (p. 11)	Labyrinth
la **société** (p. 11)	the society (Gesellschaft)
le **rythme** (p. 11)	the rhythm (Rhythmus)

3. Le contexte

Enfin, lisez bien les mots placés avant et après le mot recherché. Cherchez le thème de la phrase ou du paragraphe :

- « Il les laisse passer la **ligne** sans vérifier les passeports. » (p. 22).
  La ligne = die Linie. Die Art Linie, bei deren Durchquerung ein Pass benötigt wird, kann nur die *Landesgrenze* sein.
- « Les Gens bleus **reprennent** la chanson au refrain » (p. 28).
  Prendre = nehmen; *re-* = wieder / zurück. Da man ein Refrain nicht zurücknehmen kann, muss es heißen, dass man ihn (singenderweise) *wiederholt.*

Les personnages

Les personnages du Pays de Cuivre

Le Musicien aux cheveux rouges
Amer, jeune homme aux cheveux rouges
La Mère aux cheveux rouges

Les personnages du Pays bleu

L'Homme bleu au chapeau bleu
L'Homme bleu à la cloche, Premier ministre
La Vieille Dame bleue à la longue vue
Madame Télévision bleue
Méthylène, jeune fille aux cheveux bleus
Le Comptable bleu aux lunettes bleues
Le Professeur Cérule, savant bleu
Le Maréchal Cobalt, dictateur bleu
La Mère bleue aux cheveux bleus
Gens bleus du Pays bleu (voyageurs, soldats, travailleurs, mendiant, passants, gangsters, juges, etc.)

2 **un musicien** qn qui joue de la musique – 6 **un chapeau** Hut – 7 **une cloche** Glocke – 8 **une longue vue** Fernrohr – 12 **un savant** Wissenschaftler – 16 **un mendiant** Bettler – 16 **un juge** Richter

Le décor et les costumes

Le décor du Pays bleu contient toutes les teintes bleues possibles. C'est un labyrinthe d'alvéoles, de tunnels et d'escaliers dominé par une étrange machine avec un immense levier. Au-dessus de la machine, une grande horloge indique les heures de la vie du Pays bleu.
Les gens bleus du Pays bleu ont des cheveux bleus. Leurs costumes correspondent aux différentes classes sociales d'une riche société industrielle.
Les habitants du Pays de Cuivre ont les cheveux rouges. Ils portent de longues et larges tuniques aux teintes ocrées.

1 **une teinte** une couleur – 2 **un alvéole** Wabenzelle – 3 **dominé**, **dominée** überragt – 3 **étrange** bizarre – 4 **un levier** Hebel – 5 **une horloge** (große) Uhr – 7 **un costume** *ici :* un vêtement de théâtre – 7 **différent**, **différente** anders(artig) – 9 **le cuivre** Kupfer – 11 **ocré**, **ocrée** ockerfarbig

Le « parler bleu »

Le mot « bleu » est très souvent répété et utilisé à des endroits différents de la phrase. Il est important que les acteurs travaillent le rythme et l'intonation du « parler bleu » pour mettre en valeur son originalité.

3 **l'intonation** *f* Betonung – 4 **mettre en valeur** zur Geltung bringen

PREMIÈRE PARTIE

Au Pays de Cuivre

Séquence 1

Un Musicien aux cheveux rouges joue une mélodie lente et agréable. Entre Amer, qui rêve du pays bleu.

Séquence 2

Une vision de rêve du Pays bleu.
Madame Télévision bleue est la vedette d'un show télévisé. Tous les habitants du Pays bleu font partie du show. Décor de music-hall. Des personnages allégoriques (la Fortune, l'Abondance, etc.) vont et viennent au milieu des personnages.

CHŒUR DES GENS BLEUS DU PAYS BLEU :

Bleu c'est bleu
Toujours bleu
Vivre bleu c'est merveilleux,
Vive notre Pays bleu.
Vive, vive, vive bleu,
Vivre bleu,
Vivre heureux,
Vivre au Pays bleu.
Prodigieux
Miraculeux

6 **une vision** → voir – 10 **l'Abondance** *f* Überfluss – 16 **Vive... !** Es lebe ...! – 21 **prodigieux, prodigieuse** wundervoll

Industrieux
Il n'y a vraiment rien de mieux
Que,
Bleu c'est bleu
Toujours bleu,
Notre cher et bleu Pays bleu.

MADAME TÉLÉVISION BLEUE :
Et moi,
Pendant ce temps, bleu,
Je chante,
Je chante bleu
Je chante pour le Pays bleu.
Télévision,
Vision en bleu,
Télévision du Pays bleu.
Écoutez-moi, écoutez bleu
Je chante bleu, pour vous.
Écoutez-moi, écoutez bleu,
Télévision du Pays bleu.

CHŒUR : On nous l'a dit
Nous le croyons,
Nous l'avons vu
Nous le voyons,
À la télévision.
Télévision
Vision en bleu
Télévision du Pays bleu.

MME TÉLÉVISION : Bleu c'est bleu

CHŒUR : Toujours bleu

MME TÉLÉVISION : Vivre bleu c'est merveilleux

1 **miraculeux**, **miraculeuse** wundervoll – 2 **industrieux**, **industrieuse** fleißig

CHŒUR : Vive notre Pays bleu

MME TÉLÉVISION : Vivre bleu,
Vivre heureux,
Vivre au Pays bleu,
Prodigieux
Miraculeux
Industrieux
Il n'y a vraiment rien de mieux.

CHŒUR : Il n'y a vraiment rien de mieux
Que notre Pays bleu
Vive notre Pays bleu.

MME TÉLÉVISION : Car moi, pendant ce temps, bleu
Je danse
Je danse bleu
Je danse pour le Pays bleu.
Télévision,
Vision en bleu,
Télévision du Pays bleu.
Regardez-moi, regardez bleu,
Je danse bleu pour vous.
Regardez-moi, regardez bleu,
Télévision du Pays bleu.

CHŒUR : On nous l'a dit
Nous le croyons,
Nous l'avons vu
Nous le voyons,
À la télévision.
Travaillons dur
Travaillons bleu
Travaillons pour le Pays bleu.

MME TÉLÉVISION : Car moi
Je chante et je danse
Pour vous !

Je chante pour le Pays bleu.
Télévision,
Vision en bleu,
Télévision du Pays bleu.
Écoutez-moi, écoutez bleu,
Je chante bleu. pour vous.
Écoutez-moi, écoutez bleu,
Télévision du Pays bleu.

FINAL *(tous)* : Bleu c'est bleu,
Toujours bleu,
Vivre bleu c'est merveilleux.
Vive notre Pays bleu,
Vive, vive, vive bleu,
Vivre bleu,
Vivre heureux,
Vivre au Pays bleu.

Fin de la vision de rêve.
Amer est seul avec le Musicien aux cheveux rouges.

Séquence 3

Entre la Mère aux cheveux rouges. Elle apporte une valise et un vieux manteau.

AMER : Je serai bientôt de l'autre côté de la ligne.

LA MÈRE AUX CHEVEUX ROUGES: Tu seras si loin de nous.

AMER : Notre pays est trop pauvre pour nous nourrir tous. Son soleil ne réchauffe que des cailloux.

LA MÈRE : Un pays si différent.

AMER : Ne me décourage pas. Il fallait bien se décider. Là-bas, au moins, on peut trouver du travail et gagner un peu d'argent.

LA MÈRE : Dis-leur bien que tu es instruit, que tu as fait des études. C'est tellement rare pour quelqu'un de chez nous.

AMER : Quelques années, pas plus. Je reviendrai dès que possible.

LA MÈRE : N'oublie pas le Pays de Cuivre. N'oublie pas notre soleil.

AMER : Je reviendrai et tu pourras enfin te reposer. Nous nous installerons alors dans la plaine, là où il y a toujours de l'eau. Je bâtirai une maison d'argile.

3 **un manteau** Mantel – 9 **réchauffer** wärmen (→ chaud) – 10 **un caillou** une petite pierre – 16 **instruit, instruite** gebildet – 17 **tellement** si – 20 **dès que** sobald – 25 **la plaine** Flachland – 26 **bâtir** construire – 26 **l'argile** *f* Ton

LA MÈRE : J'attendrai, mon fils. Je t'attendrai. J'attendrai la maison d'argile.

Séquence 4

Entre l'Homme au chapeau bleu.

L'HOMME AU CHAPEAU BLEU: Alors, bleu ? Ça y est, cher ami ? Vous êtes prêt ?

AMER : Je suis prêt.

L'HOMME : Et l'argent ? Vous avez bleu l'argent ?

LA MÈRE : *(Elle lui tend une bourse rouge.)* Voilà.

AMER : Toutes les économies de la famille.

L'Homme au chapeau bleu vérifie avidement le contenu de la bourse.

LA MÈRE : Le compte y est. Mais vous pouvez vérifier si vous n'avez pas confiance.

L'Homme au chapeau bleu met l'argent dans sa poche et tend le certificat qu'il a apporté en échange.

L'HOMME : Et voici, bleu, votre certificat. Ne le perdez bleu surtout pas. Indispensable bleu pour passer la ligne et, là-bas bleu, pour trouver du travail.

L'Homme au chapeau bleu sort.

10 **tendre** (über)reichen – 10 **une bourse** (Geld)börse – 11 **les économies** *fpl* l'argent économisé – 12 **avide** gierig – 12 **le contenu** Inhalt – 14 **le compte y est** die Summe stimmt – 15 **la confiance** Vertrauen – 17 **un certificat** Bescheinigung – 20 **indispensable** absolument nécessaire

Séquence 5

Amer enlève lentement sa tunique et met le vieux manteau. Il prend sa valise.

LA MÈRE : Le Pays bleu est un pays froid.

AMER : Allez. Au revoir.

LE MUSICIEN AUX CHEVEUX ROUGES :
Attends, Amer. *(Il offre à Amer un instrument primitif.)* Tiens. Je te le donne.

AMER : Tu me le donnes ?

Amer prend l'instrument.

LE MUSICIEN : Il te parlera du Pays de Cuivre.

AMER : Il me parlera de ta musique.

Amer sort brusquement sans se retourner.

LA MÈRE : Écris-nous !

14 **brusquement** tout à coup

DEUXIÈME PARTIE

Sur la ligne

Séquence 6

À la frontière du Pays bleu. Petit matin. Il fait froid. Amer, seul, attend patiemment qu'on ouvre le poste de frontière. Des voyageurs bleus arrivent peu à peu. Ils se mettent en rang derrière Amer.

Entre enfin un Soldat bleu qui ouvre le poste frontière. Les voyageurs bleus se bousculent pour passer.

LE SOLDAT BLEU : Chacun son tour, s'il vous plaît ! Chacun son tour, bleu ! Ne bousculez pas !

Les voyageurs bleus se remettent en rang, dans leur ordre d'arrivée.

Amer veut sa première place dans le rang. Le Soldat bleu l'arrête brutalement.

LE SOLDAT BLEU : J'ai dit chacun son tour ! Qu'est-ce que tu fais là ? Les gens bleus d'abord. Les cheveux rouges après.

AMER : Mais c'est mon tour. Je suis arrivé le premier.

LE SOLDAT BLEU : Je t'ai dit bleu, les cheveux rouges après. On ne discute pas ici ! Tu veux,

3 **une frontière** Grenze – 4 **patient, patiente** geduldig – 4 **un poste** *ici :* Posten – 9 **chacun, chacune** jede(r) – 10 **chacun son tour** der Reihe nach

peut-être bleu, m'apprendre mon métier ?

AMER : J'ai un certificat.

LE SOLDAT BLEU : Verrai ça plus tard, bleu ! Allez, dégage. Attends-moi là-bas.

Le Soldat bleu montre un banc, un peu plus loin. Amer va s'asseoir, lentement, son certificat à la main.

LE SOLDAT BLEU : Il faudra bien, bleu, apprendre à obéir !

Le Soldat bleu change de ton pour s'adresser aux voyageurs bleus. Il les laisse passer la ligne sans vérifier les passeports que les voyageurs bleus lui montrent.

LE SOLDAT BLEU : Je vous en prie, bleu, passez. Bonjour Madame, excusez cette bousculade. C'est bon, bleu. Avancez.

Les voyageurs bleus sortent.

1 **apprendre qc à qn** jdm etw lehren – 5 **dégager** *fam* partir – 6 **un banc** Bank – 9 **obéir** gehorchen – 14 **une bousculade** → bousculer

Séquence 7

Le Soldat bleu s'adresse à Amer. Sa voix est agressive.

LE SOLDAT BLEU : À toi, bleu.

AMER : *(surpris)* Vous m'appelez ? C'est à moi ?

LE SOLDAT BLEU : On est sourd, bleu, en plus ? Allez, bleu, approche, dépêche-toi !

Amer se lève et va vers le soldat en tendant son certificat.

AMER : J'ai un certificat.

LE SOLDAT BLEU : *(Il lui prend le certificat des mains.)* Un certificat ? On va bleu voir ça. Cheveux rouges et quand même un certificat ? Tu ne trouves pas ça bizarre toi ? Moi, si, bleu !

AMER : Mais. Je suis en règle.

LE SOLDAT BLEU : Je suis en règle bleue, monsieur ! On dit : « Je suis en règle bleue, monsieur ! »

AMER : *(Il répète.)* Je suis en règle bleue, monsieur.

LE SOLDAT BLEU : Je ne sais pas comment tu t'y es pris mais dis-toi bien que tu as de la chance. Tes papiers sont en règle bleue. Mais j'aime mieux te dire que si c'était moi, bleu, qui décidais, les gens de ton espèce ne passeraient pas la ligne aussi rapidement. Allez, tiens bleu, passe. *(Il rend brutalement le certificat.)*

6 **sourd, sourde** taub – 15 **être en règle** ordnungsgemäße Papiere haben – 26 **une espèce** Art

AMER : Merci. Au revoir.

LE SOLDAT BLEU : Au revoir, monsieur !
AMER : Au revoir, monsieur !

Amer sort rapidement.

TROISIÈME PARTIE

Le Pays bleu

Séquence 8

Bruits de trains. Ambiance d'une gare au petit matin.

Amer, sa valise à la main, arrive au Pays bleu.

Séquence 9

La Vieille Dame bleue à la longue vue sort d'un alvéole. Elle n'aperçoit pas l'Homme aux cheveux rouges. Elle observe méthodiquement l'horizon avec une longue vue.

Séquence 10

La Grande Horloge indique sept heures. L'Homme bleu à la cloche sonne énergiquement. Les Gens du Pays bleu sortent des tunnels et des alvéoles pour aller travailler. Amer regarde. Les Gens bleus du Pays bleu sont totalement indifférents à sa présence.

7 **apercevoir** erblicken – 15 **indifférent, indifférente** gleichgültig – 15 **une présence** Anwesenheit

Séquence 11

L'Homme bleu à la cloche sonne encore une fois. Des travailleurs bleus actionnent le levier de l'étrange machine. Bruits et ambiance d'usine. La machine crache des grandes quantités de peinture bleue. Des Gens bleus du Pays bleu organisent de longues chaînes pour transporter des seaux. D'autres travailleurs bleus peignent et repeignent tout en bleu. Gestes répétés et monotones.

L'Homme bleu à la cloche surveille tout et tout le monde, sa cloche à la main. Dans un coin, la Vieille Dame bleue à la longue vue tricote.

3 **actionner** betätigen (→ une action) – 5 **la peinture** Farbe – 7 **une chaîne** (Menschen-)Kette – 7 **un seau** Eimer – 8 **peindre** malen – 12 **tricoter** stricken

Séquence 12

Le Mendiant bleu passe au milieu des Gens bleus du Pays bleu.

LE MENDIANT : Soyez charitables bleu. À votre bon cœur. Soyez charitables bleu.

Le Mendiant bleu s'approche de l'Homme bleu à la cloche. Il s'assied à ses pieds, sort un chiffon de sa poche et lui cire les bottes.

L'HOMME BLEU À LA CLOCHE : Tu ne pourrais pas travailler bleu comme tout le monde ici ?

LE MENDIANT : Je suis beaucoup plus utile bleu que vous ne semblez le croire. J'existe parce que vous existez. Vous tout en haut, ou presque. Et moi tout en bas qui rends heureux, bleu, tous ceux qui me font la charité.

L'Homme bleu à la cloche tend un billet de banque au Mendiant bleu. Le Mendiant bleu met le billet dans sa poche et continue à mendier.

LE MENDIANT : La charité. La charité bleue. Soyez charitables bleu.

4 **charitable** barmherzig – 7 **un chiffon** un morceau de tissu – 8 **cirer qc** faire briller qc – 8 **les bottes** *fpl* Stiefel – 17 **la charité** Almosen

Séquence 13

La Grande Horloge indique midi. L'Homme bleu à la cloche sonne avec force.

Entrée de Madame Télévision bleue.

Les Gens bleus du Pays bleu arrêtent de travailler.

Environnement de publicités. Madame Télévision bleue distribue des rations bleues. Elle chante la « Chanson bleue à boire et à manger ». *Les Gens bleus mangent avidement et reprennent la chanson au refrain.*

MME TÉLÉVISION : *(Elle chante.)*
Le temps d'une chanson
À la Télévision.
Mangez vite
Mangez bleu
Mangez vite et bleu.
Le temps d'une chanson
À la Télévision.

CHŒUR DES GENS BLEUS DU PAYS BLEU:
Mangeons vite
Mangeons bleu
Télévision bleue
Mangeons vite
Mangeons bleu
Mangeons vite et bleu.

Amer observe la scène. Il tire quelques fruits rouges de sa valise et mange lui aussi.

MME TÉLÉVISION: Le temps d'une chanson
À la Télévision
Chanson à boire
Bleu
Et à manger

Bleu
Chanson télévisée
À boire et à manger
Regardez-moi vite
Regardez-moi bleu
Le travail bleu n'attend pas.
Reprenez des forces bleues.

CHŒUR : Mangeons vite
Mangeons bleu
Télévision bleue
Mangeons vite
Mangeons bleu
Mangeons vite et bleu

MME TÉLÉVISION : Le temps d'une chanson
À la Télévision
Chanson à boire bleu
Et à manger bleu
Chanson télévisée
À boire et à manger
Avalez-moi vite
Avalez-moi bleu
Le travail bleu n'attend pas,
Reprenez des forces bleues.

20 **avaler qc** etw schlucken

Séquence 14

Une femme bleue remarque Amer qui termine son simple petit repas. Elle le montre à l'homme à côté d'elle.

LA FEMME BLEUE : Tu as vu bleu ?

L'HOMME BLEU : Quoi donc ?

LA FEMME : Cheveux rouges ! Et ce qu'il mange !

L'HOMME : Pas dégoûté bleu. Je me demande comment on peut manger bleu des choses pareilles.

LA FEMME : Cette couleur ! C'est écœurant.

L'HOMME : Et tu crois qu'il ferait l'effort de manger bleu, comme tout le monde ici, bleu ?

8 **dégoûté**, **dégoûtée** angeekelt – 10 **pareil**, **pareille** *ici :* dieser Art – 11 **écœurant**, **écœurante** (très) dégoûtant – 12 **faire un effort** sich Mühe geben

Séquence 15

Madame Télévision bleue a terminé sa chanson et sort.

L'Homme bleu à la cloche sonne.

La Grande Horloge indique quatorze heures.

Les Gens bleus retournent travailler. Parmi eux, Méthylène.

MÉTHYLÈNE : *(Elle s'approche de Amer.)* Vous arrivez bleu, de l'autre côté de la ligne ?

AMER : Oui. Je cherche du travail.

MÉTHYLÈNE : Du travail ? Ici bleu ?

AMER : Vous êtes belle. Vous avez des cheveux si bleus.

MÉTHYLÈNE : Et vous avez, bleu, des cheveux rouges.

L'Homme bleu à la cloche les a observés. Il sonne.

MÉTHYLÈNE : Excusez-moi. Je suis bleu en retard et je dois travailler.

Méthylène reprend sa place parmi les Gens bleus. Bruitage. Le travail bleu recommence.

AMER : Elle a des cheveux bleus. Et elle m'a parlé, gentiment.

5 **parmi eux** unter ihnen – 16 **être en retard** zu spät sein

Séquence 16

Amer s'adresse alors aux Gens bleus. Ceux-ci, occupés par leur travail, ne lui répondent pas.

AMER : Bonjour, monsieur. Je viens du Pays de Cuivre. Son soleil ne réchauffe que des cailloux. Je cherche du travail.

Amer s'adresse à plusieurs autres travailleurs, mais personne ne le regarde, personne ne répond.

AMER : Je viens du Pays de Cuivre. Son soleil ne réchauffe que des cailloux. J'ai passé la ligne. J'ai un certificat. Je cherche du travail.

Séquence 17

La Grande Horloge indique maintenant dix-neuf heures. L'Homme bleu à la cloche sonne une fois encore.

Entrée de Madame Télévision bleue qui chante la « Téléberceuse du Pays bleu ». *Les Gens bleus se mettent en rang devant l'alvéole du Comptable bleu aux lunettes bleues. Sous le contrôle de l'Homme bleu à la cloche, le comptable les paie en billets de banque bleus.*

MME TÉLÉVISION : Chacun chez soi
Et moi pour vous
Chacun chez soi
Et moi pour tous
Repos, repos, reposez-vous
Reposez-vous bleu
Au Pays bleu
Rêves bleus.
Je veille bleu, sur vous.

Quand ils ont reçu leur salaire, les Gens bleus retournent dans leurs alvéoles par les tunnels et les escaliers.

La nuit tombe lentement. Dans les alvéoles, des lumières bleues s'allument.

MME TÉLÉVISION : *(parlé)* Je suis Madame Télévision bleue
Télévision du Pays bleu
Je vous endors
Endormez-vous.
Je vous endors
Croyez-moi bleu.

5 **une berceuse** une chanson qui fait dormir les enfants – 9 **soi** sich – 17 **veiller sur qn** auf jdn aufpassen – 18 **le salaire** l'argent gagné au travail – 22 **une lumière** Licht – 22 **s'allumer** sich einschalten – 26 **endormir qn** jdn zum Schlafen bringen

Télévision du Pays bleu
(puis chanté) Car moi
Pendant ce temps, bleu,
Je chante
Je chante bleu
Je chante pour le Pays bleu
Télévision
Vision en bleu
Télévision du Pays bleu
Chacun chez soi
Et moi pour vous
Chacun chez soi
Et moi pour tous
Dormez, dormez, endormez-vous
Endormez-vous bleu
Au Pays bleu
Rêves bleus
Je veille bleu, sur vous.

Madame Télévision bleue sort. Amer reste seul.

Séquence 18

Premier retour en arrière.

Thème musical du Pays de Cuivre.

La Mère aux cheveux rouges apparaît.

LA MÈRE AUX CHEVEUX ROUGES : Tu seras si loin de nous.

VOIX DE AMER *(enregistrée)* Notre pays est trop pauvre pour nous nourrir tous. Son soleil ne réchauffe que des cailloux.

LA MÈRE : Un pays si différent.

VOIX DE AMER : Il fallait bien se décider. Quelques années, pas plus.

LA MÈRE : Dis-leur bien que tu es instruit, que tu as fait des études. N'oublie pas le Pays de Cuivre.

La Mère aux cheveux rouges disparaît.

2 **un retour en arrière** un flash-back (Rückblende)

Séquence 19

AMER : Je leur dirai. Je leur dirai demain. Et alors ils comprendront. Et alors tout ira bien.

Amer sort de sa valise l'instrument donné par le Musicien aux cheveux rouges et joue un air de son pays.

Séquence 20

Méthylène sort de son alvéole. Elle a entendu la musique et s'approche pour écouter.

MÉTHYLÈNE : C'est très beau. Et c'est vous, bleu, qui jouez comme cela !

AMER : Je pense au Pays de Cuivre, là-bas, de l'autre côté de la ligne.

MÉTHYLÈNE : On joue de la musique de l'autre côté de la ligne ?

AMER : On joue de la musique, au soleil.

Amer joue pour la Fille aux cheveux bleus.

Séquence 21

Des lumières s'allument brusquement dans les alvéoles bleus du Pays bleu. Une Femme bleue et un Homme bleu apparaissent.

L'HOMME BLEU : C'est bientôt bleu fini ? Vous nous prenez bleu pour des sauvages ? Qu'est-ce que c'est bleu que cette musique ?

LA FEMME BLEUE : *(à l'Homme bleu)* De la musique ? Vous appelez ça bleu de la musique ? Vous n'êtes pas bleu difficile !

L'HOMME BLEU : Ça ne fait rien bleu de toute la journée et le soir ça vous empêche de dormir tranquillement !

Amer surpris, arrête de jouer.

AMER : On n'apprécie pas la musique exotique à ce que je vois.

L'Homme bleu et la Femme bleue rentrent dans leurs alvéoles en râlant.

MÉTHYLÈNE : Votre musique est pourtant bleu très belle. Mais elle n'est pas bleue. Les gens bleus d'ici n'ont pas l'habitude. Ils ne savent pas. Ils ne connaissent pas. À part les chansons bleues de Madame Télévision bleue.

6 **un sauvage** une personne primitive – 16 **apprécier** aimer – 24 **à part** außer

Séquence 22

La Mère aux cheveux bleus sort de son alvéole et aperçoit sa fille.

LA MÈRE AUX CHEVEUX BLEUS : Que fais-tu bleu ici ? Je t'ai déjà bleu interdit de parler à des gens que tu ne connais pas. Et ses cheveux ? Tu as vu ? Bleu ? Ses cheveux ?

La Mère aux cheveux bleus, furieuse, entraîne Méthylène.

AMER : J'ai là-bas, au Pays chaud, de l'autre côté de la ligne, une mère aux cheveux rouges qui lui ressemble. Mais sa voix est plus douce. Elle aime m'entendre jouer de la musique, le soir, après le travail. Et elle attend, là-bas, une maison nouvelle. Une maison d'argile.

Amer range l'instrument de musique dans sa valise. Il s'installe sur le banc et s'endort rapidement.

9 **furieux**, **furieuse** wütend – 9 **entraîner** *ici :* ziehen, schleppen

QUATRIÈME PARTIE

L'examen bleu

Séquence 23

Dans son alvéole laboratoire, le professeur Cérule travaille à d'étranges expériences.

LE PROFESSEUR CÉRULE :
Très bien ! Formidable ! Ça ne marche pas.
Ça ne marche pas du tout. C'est parfait !

Séquence 24

Entre le maréchal Cobalt suivi de deux Soldats bleus.

SOLDATS BLEUS : Un, bleu. Un, bleu. Garde à vous ! *(Ils saluent.)* Bleu c'est bleu ! Toujours bleu !

LE PROFESSEUR : *(Il salue sans enthousiasme.)* Toujours bleu, toujours bleu.

COBALT : Alors, bleu professeur Cérule ? C'est bleu ?

LE PROFESSEUR : Non, ce n'est pas bleu.

3 **un laboratoire** Labor – 4 **une expérience** Experiment – 9 **parfait, parfaite** perfekt – 12 **Garde à vous !** Stillgestanden!

COBALT : Ce n'est pas bleu ?

LE PROFESSEUR : C'est raté !

COBALT : Raté ?

LE PROFESSEUR : Raté !

COBALT : Raté bleu ! On dit raté bleu !

LE PROFESSEUR : Raté bleu si vous voulez. Mais de toute façon raté. Raté bleu évidemment.

COBALT : Décidément bleu j'ai l'impression que le professeur Cérule n'est plus le grand savant que l'on dit.

LE PROFESSEUR : *(Il parle « bleu » avec affectation.)* Ce n'est pas bleu facile, maréchal Cobalt. Il me faut du temps. Je cherche bleu. Je recherche bleu, bleu. Et si vous avez un peu de patience, je finirai bien par bleu, bleu, bleu trouver.

COBALT : *(Il salue et sort rapidement, énervé.)* Bleu c'est bleu ! Toujours bleu !

SOLDATS BLEUS : *(Ils saluent aussi et sortent en suivant Cobalt.)* Bleu c'est bleu ! Toujours bleu ! Un, bleu ! Un, bleu !

LE PROFESSEUR : *(ironique)* Toujours bleu, toujours bleu.

L'alvéole laboratoire du professeur Cérule disparaît.

8 **évidemment** bien sûr (→ évident) – 9 **décidément** vraiment – 12 **avec affectation** *f* auf affektierter Art – 15 **rechercher** *ici :* forschen – 16 **la patience** Geduld (→ patient)

Séquence 25

Le soleil se lève sur le Pays bleu. Amer dort encore.

La Grande Horloge indique sept heures.

La Vieille Dame bleue à la longue vue sort d'un tunnel. Elle observe toujours l'horizon.

Séquence 26

Entrée de l'Homme bleu à la cloche. Il sonne. Les Gens bleus du Pays bleu sortent des alvéoles. Le travail bleu recommence.

Amer se réveille. Il prend sa valise, bien décidé à trouver du travail.

Séquence 27

Amer s'approche du Comptable bleu aux lunettes bleues.

COMPABLE BLEU : *(Il compte à voix haute.)* Six moins quatre bleu. Bleu et six huit. Huit et quatre ? Huit et quatre ?

AMER : *(timidement)* Blouze !

COMPTABLE BLEU : *(tout à coup très enthousiaste)* Blouze ? Blouze ? Vous avez dit blouze ? Mais c'est vrai, blouze ! Vous avez trouvé. Je savais bien que douze ça ne pouvait pas durer au Pays bleu !

18 **timide** schüchtern

Blouze ! Formidable-bleu ! Huit et quatre blouze. C'est merveilleux, vous comptez formidable-bleu-ment bleu !

AMER : Je compte assez vite en effet.

COMPTABLE BLEU : On voit bleu tout de suite que vous êtes intelligent. Génial mon ami, génial bleu !

AMER : Je commence bleu, en effet, à comprendre les choses bleues.

COMPTABLE BLEU : Blouze ! Il fallait y penser. Jusqu'à présent, je disais douze, comme tout le monde bleu, faute de mieux. Mais blouze, c'est tellement plus bleu ! *(Il reprend ses calculs.)* Huit et quatre blouze ! Neuf et trois blouze ! Sept et cinq blouze ! C'est vraiment facile ! C'est parfait !

AMER : Je cherche du travail, du travail bleu.

COMPTABLE BLEU : Du travail bleu ? Mais aucun problème bleu. Un homme bleu qui compte aussi bleu que vous trouve tout de suite du travail bleu. Suivez-moi, jeune homme. Je vais vous aider et vous recommander personnellement auprès de notre Premier ministre.

5 **en effet** tatsächlich – 11 **jusqu'à présent** jusqu'à maintenant – 13 **faute de mieux** mangels Besserem – 15 **un calcul** Berechnung – 20 **aucun, aucune** gar kein(e) – 25 **recommander** empfehlen – 26 **auprès de qc/qn** bei etw/jdm

Séquence 28

COMPTABLE BLEU : *(toujours très enthousiaste)* Monsieur, pouvez-vous m'accorder quelques instants ? Je voudrais vous présenter un jeune homme qui sera très certainement dans les années à venir un de nos meilleurs spécialistes bleus de la mathématique bleue et arithmétique !

L'HOMME BLEU À LA CLOCHE : *(Il regarde les cheveux de Amer avec ironie.)* Un spécialiste bleu, vraiment ?

COMPTABLE BLEU : Quel est votre nom, jeune homme ?

AMER : Amer.

COMPTABLE BLEU : Amer ? Mais. Mais ce n'est pas un nom bleu.

AMER : Je suis en règle. J'ai un certificat.

COMPTABLE BLEU : *(Il enlève ses lunettes.)* Mais. Cheveux rouges ! Cheveux rouges ! Vous avez osé ! *(puis à l'Homme bleu à la cloche)* Mes lunettes. J'avais gardé bleu mes lunettes bleues. Quel scandale. Excusez-moi Monsieur le premier ministre. Excusez-moi. *(puis à Amer)* Allez ! Ça suffit bleu maintenant. Va-t-en ! Va-t-en !

3 **accorder** gewähren – 4 **un instant** un moment

Séquence 29

L'HOMME BLEU À LA CLOCHE : Un instant ! Un instant ! Cet homme est en règle bleue. *(Il prend le certificat que lui tend Amer.)* Il a un certificat. Il peut nous demander bleu du travail. Que savez-vous bleu faire, cheveux rouges ?

AMER : Beaucoup de choses, monsieur.

L'HOMME BLEU Ils savent tous faire bleu beaucoup de choses quand ils passent la ligne.

Les Gens bleus arrêtent de travailler et s'approchent pour regarder.

AMER : Je sais lire, écrire, compter et je peux travailler dur quand il le faut.

L'HOMME BLEU : Tu sais lire ? Tu sais lire bleu ? Allons donc.

AMER : Je sais lire, comme tout le monde, couramment.

L'HOMME BLEU : *(Il éclate de rire.)* Il sait lire ! Couramment ! Incroyable bleu ! Ils sont tous incroyables bleus ; comme si lire bleu c'était lire couramment !

21 **couramment** fließend (→ courant) – 21 **incroyable** qu'on ne peut pas croire – 22 **comme si** als ob

Séquence 30

Sur un geste de l'Homme bleu à la cloche, les Gens bleus du Pays bleu présentent à Amer des pancartes bleues où sont écrites des lettres de l'alphabet.

L'HOMME BLEU À LA CLOCHE : Allez ! Lis ! Lis bleu !

Les Gens bleus montrent une pancarte avec la lettre A.

AMER : A ! Évidemment !

L'HOMME BLEU : A ? Très bleu, c'est très bleu. Mais après ? Continue, continue bleu.

Les Gens bleus montrent maintenant à Amer une pancarte avec la lettre B. Ils sourient méchamment.

AMER : *(Il hésite, devine qu'il y a un piège, puis tout à coup.)* Bleu !

LES GENS BLEUS : *(stupéfaits)* Il a lu bleu ! Très bleu ! Cheveux rouges il a lu bleu !

L'HOMME BLEU : Incroyable bleu !

COMPTABLE BLEU : Impossible bleu ! Impossible bleu ! Il a des cheveux rouges !

LES GENS BLEUS : On peut lire bleu ? Avec des cheveux rouges ?

Surpris, les Gens bleus du Pays bleu reculent et se postent devant les tunnels et alvéoles prêts à en défendre les entrées.

3 **une pancarte** Schild – 13 **hésiter** zögern – 13 **un piège** Falle – 22 **reculer** rückwärts gehen – 22 **se poster** Stellung beziehen – 23 **défendre** verteidigen

Séquence 31

L'HOMME BLEU À LA CLOCHE : Du calme mes amis bleus, du calme. Ce n'est rien. Il n'a pas vraiment lu bleu. Il a hésité longtemps. Disons qu'il a lu presque bleu.

COMPTABLE BLEU : Il n'est peut-être pas bleu utile, Monsieur le premier ministre, de poursuivre cet examen.

L'HOMME BLEU : Mais au contraire mon cher comptable bleu. Cet homme aux cheveux rouges, est en règle bleue puisqu'il a un certificat bleu. Il faut donc continuer ce petit examen bleu. *(puis à Amer)* Sais-tu compter bleu ?

AMER : Compter ? Oui parfaitement. Tout à l'heure.

COMPTABLE BLEU : Compter ? Compter bleu ? Comment voulez-vous qu'il sache compter bleu avec des cheveux rouges ?

AMER : *(au Comptable bleu)* Mais vous m'avez dit.

COMPTABLE BLEU : Je n'ai rien dit du tout et j'avais mes lunettes !

L'HOMME BLEU : Ainsi, d'après notre Comptable bleu, vous ne savez pas compter bleu.

AMER : Mais je vous assure.

9 **poursuivre** *ici :* continuer – 13 **puisque** da – 16 **tout à l'heure** soeben – 23 **rien du tout** überhaupt nichts – 25 **ainsi** so – 25 **d'après**… laut … – 27 **assurer** affirmer

L'HOMME BLEU : C'est vraiment regrettable bleu. Nous ne pouvons rien pour vous. Et vous ne savez pas bleu écrire bien entendu.

Séquence 32

Deuxième retour en arrière.

Thème musical du Pays de Cuivre.

La Mère aux cheveux rouges apparaît à nouveau. Amer et les Gens bleus du Pays bleu se figent.

LA MÈRE AUX CHEVEUX ROUGES : Un pays si différent. J'attendrai mon fils. Je t'attendrai. J'attendrai la maison d'argile.

La Mère aux cheveux rouges disparaît.

1 **regrettable** → regretter – 3 **bien entendu** bien sûr – 9 **se figer** erstarren

Séquence 33

Amer et les Gens bleus du Pays bleu s'animent à nouveau.

AMER : Mais je sais lire, écrire, compter. Et je suis courageux. Et j'ai un certificat.

L'HOMME BLEU À LA CLOCHE : *(Il montre les Gens bleus postés à l'entrée de leurs alvéoles.)* Voyez vous-même. Il n'y a plus de place disponible bleue dans notre beau Pays bleu.

LES GENS BLEUS : Il n'y a pas de place, cheveux rouges ! Pas de place bleue ! Toutes les places bleues sont occupées !

L'Homme bleu à la cloche déchire lentement le certificat.

L'HOMME BLEU : Nous sommes véritable-bleu-ment désolés.

LES GENS BLEUS : Cheveux rouges. Cheveux rouges.

L'HOMME BLEU : Le meilleur bleu pour vous est maintenant de repartir, de repasser la ligne.

AMER : *(désespéré)* Pas encore. Donnez-moi une chance. Laissez-moi essayer. Je peux rendre service.

2 **s'animer** lebendig werden – 2 **à nouveau** wieder – 5 **courageux**, **courageuse** qui a du courage – 10 **disponible** verfügbar, frei – 14 **occupé**, **occupée** *ici :* belegt – 15 **déchirer** zerreissen – 17 **véritable** wahrhaftig – 18 **être désolé**, **désolée** regretter – 23 **désespéré**, **désespérée** verzweifelt (→ espérer) – 25 **rendre service** (**à qn**) aider (qn)

Séquence 34

Séquence fantasmagorique.

Les Gens bleus du Pays bleu proposent à Amer d'énormes outils qu'il emploie avec beaucoup de difficulté.

AMER : Pour la maison d'argile, là-bas, dans la plaine, je ferai n'importe quoi.

LES GENS BLEUS : *(Ils donnent à Amer un énorme balai.)* Des cheveux rouges ! Il a bleu des cheveux rouges !

AMER : *(Il balaie, désespéré.)* Je balaierai la poussière de vos rues quand il fera chaud et quand il fera froid.

UN HOMME BLEU : Tout juste bon à balayer les rues. Et encore. Voyez bleu. Regardez-le faire. Ça travaille bleu deux minutes et ça se repose deux heures.

Les Gens bleus font porter à Amer d'énormes caisses.

AMER : Je porterai vos valises et vos colis dans vos gares. Je déchargerai vos camions et vos cargos.

UNE FEMME BLEUE : Vous avez vu bleu cette façon de porter les caisses ? À croire bleu que le travail leur fait peur !

Les Gens bleus mettent un énorme marteau-piqueur entre les mains de Amer.

2 **fantasmagorique** fantastique, imaginaire – 4 **un outil** Werkzeug – 7 **n'importe quoi** *ici :* alles – 8 **un balai** Besen – 11 **balayer** → un balai – 11 **la poussière** Staub – 14 **tout juste** *ici :* kaum – 14 **et encore** wenn überhaupt – 18 **une caisse** Kiste – 19 **un colis** un paquet – 20 **décharger** entladen – 21 **un cargo** un gros bateau – 25 **un marteau-piqueur** Presslufthammer

AMER : Je creuserai de grands trous noirs pour piocher votre charbon, votre sel, vos minerais.

UN HOMME BLEU : Ils ne savent même pas bleu se servir de nos outils. Je me demande bleu pourquoi on leur confie des machines !

AMER : Et j'irai nourrir les chaudières de vos usines. Il fera chaud mais il ne faudra pas me plaindre. J'ai l'habitude, moi. Je suis d'un pays chaud.

UN AUTRE HOMME BLEU :
Et ça se plaint sans arrêt ! Bien content, pourtant, quand on leur fournit bleu du travail !

AMER : Je promènerai vos chiens. Je ramasserai vos ordures. Je cirerai vos bottes.

Le jeu fantasmagorique s'arrête brusquement.

2 **piocher** hacken – 3 **un minerai** Erz – 6 **confier** anvertrauen – 8 **une chaudière** Heizkessel – 15 **fournir** donner – 17 **ramasser** *ici :* aufsammeln – 17 **les ordures** *fpl* les déchets

Séquence 35

Amer est aux pieds de l'Homme bleu à la cloche. Il lui cire les bottes.

L'HOMME BLEU À LA CLOCHE : *(Il jette un peu d'argent à Amer.)* Très bleu. Merci.

LE MENDIANT BLEU : *(Il arrive en courant pour ramasser l'argent.)* À moi. C'est à moi, bleu ! Tire-toi d'ici, cheveux rouges !

AMER : Mon argent. Rends-moi mon argent !

LE MENDIANT : C'est moi, bleu, qui cire les chaussures ! Tu vas voir bleu si c'est ton argent !

Le Mendiant bleu et Amer se battent.

Les Gens bleus regardent en riant.

Méthylène arrive en courant.

MÉTHYLÈNE : Mais arrêtez, bleu ! Vous n'avez pas le droit. Séparez-les bleu, au lieu de regarder !

9 **se tirer** *fam* partir – 12 **une chaussure** Schuh – 14 **se battre** lutter – 18 **séparer** trennen

Séquence 36

Le maréchal Cobalt entre, suivi de ses Soldats bleus.

LES GENS BLEUS : *(Ils saluent mécaniquement.)* Bleu c'est bleu, toujours bleu !

COBALT : Bleu c'est bleu, toujours bleu.

Amer n'a pas bougé. Tous le regardent et attendent qu'il salue lui aussi.

L'HOMME BLEU À LA CLOCHE : Et alors, bleu ?

COBALT : On ne salue bleu pas ?

LES GENS BLEUS : Et alors, bleu ?

Amer ne comprend pas. Méthylène s'approche de lui pour l'aider.

MÉTHYLÈNE : Dites « bleu c'est bleu, toujours bleu ». Et tendez le bras !

AMER : *(Il salue.)* Bleu c'est bleu, toujours bleu.

COBALT : Des cheveux rouges ?

L'HOMME BLEU : *(à Amer)* À votre place, je me dépêcherai bleu de repasser la ligne.

COBALT : Bleu c'est bleu, toujours bleu !

LES GENS BLEUS : Bleu c'est bleu, toujours bleu !

Tous sortent.

15 **tendre** *ici :* ausstrecken

Séquence 37

Cobalt et l'Homme bleu à la cloche suivis de Soldats bleus rendent visite au professeur Cérule dans son alvéole laboratoire.

L'HOMME BLEU À LA CLOCHE : Où en êtes-vous bleu, professeur Cérule, dans votre travail ?

COBALT : Nous en sommes à nous demander bleu si vous ne vous moquez pas bleu du monde bleu.

LE PROFESSEUR : Me moquer du monde, du monde bleu ? Vous n'y pensez pas, maréchal Cobalt ! Mais je dois beaucoup réfléchir.

COBALT : Réfléchir bleu !

LE PROFESSEUR : Réfléchir bleu, bien entendu.

L'HOMME BLEU : Les ordres du maréchal Cobalt sont valables bleu pour tout le monde bleu !
Vous n'êtes pas au-dessus de la loi bleue, ne l'oubliez pas !

LE PROFESSEUR : Je n'oublie pas. J'essaie de ne rien oublier.

COBALT : Le monde en bleu. Une seule couleur, la mienne. Après le Pays bleu le monde entier !

17 **un ordre** Befehl – 18 **valable** gültig – 20 **la loi** Gesetz – 25 **le mien**, **la mienne** meins, meine

LE PROFESSEUR : Ce n'est pas facile, maréchal Cobalt. *(Il montre une cage dans laquelle se trouve un oiseau bleu.)* Vous voyez cet oiseau, bleu ? Il y a quinze jours il était admirable.

L'HOMME BLEU : Admirable bleu ! Parlez bleu comme tout le monde, s'il vous plaît !

LE PROFESSEUR : Il était splendide. Splendide. J'ai beaucoup de mal bleu à parler bleu. Je suis préoccupé que voulez-vous. Toutes ces recherches. Donc c'était un oiseau absolument merveilleux, un oiseau des îles comme on n'en voit plus ici depuis bien longtemps.

COBALT : *(énervé)* Un oiseau des îles ? Splendide ?

L'HOMME BLEU : Faites bien bleu attention à tout ce que vous dites, professeur Cérule !

LE PROFESSEUR : Un oiseau qui n'était presque pas bleu en quelque sorte. Un oiseau couleur de flamme, jaune et rouge et orangé, avec une aigrette d'or, de grands yeux verts couleur de mer et une longue queue violette aux reflets moirés.

5 **admirable** très beau – 8 **splendide** magnifique – 11 **une recherche** *ici :* Forschung – 22 **une aigrette** Federbusch auf dem Kopf eines Vogels – 22 **l'or** *m* Gold – 25 **une queue** Schwanz – 25 **un reflet** Schimmer – 26 **moiré, moirée** glänzend – 29 **se passer de qc/qn** ≠ avoir besoin de qc/qn

COBALT : Vous avez bleu de la chance, professeur Cérule, que je ne puisse pas encore me passer de vous !

LE PROFESSEUR : *(Il continue.)* Il y a quinze jours, pour vous obéir, pour poursuivre mes recherches bleues comme il faut dire, j'ai essayé de le teindre définitivement en bleu. Une teinture spéciale, tenace, indélébile, inventée à vos ordres et pour la circonstance. J'ai teint l'oiseau des îles en bleu jusqu'au sang.

COBALT : Et alors, bleu ?

L'HOMME BLEU : Vous n'allez pas encore bleu nous dire que cela a raté bleu ?

LE PROFESSEUR : Lorsqu'il est sorti, bleu, du bain de couleur bleue où je l'avais plongé, il s'est comporté tout à coup de façon incompréhensible.

L'HOMME BLEU : Incompréhensible bleu !

LE PROFESSEUR : Imprévisible.

COBALT : Imprévisible bleu !

LE PROFESSEUR : Il a d'abord secoué ses plumes avec agacement comme s'il voulait se débarrasser de tout ce bleu. Mais la teinture bleue tenait bien. Une

4 **teindre** tönen – 5 **une teinture** → teindre – 6 **tenace** hartnäckig – 6 **indélébile** qu'on ne peut pas enlever – 7 **une circonstance** *ici :* Anlass – 13 **lorsque** quand – 13 **un bain** Bad – 14 **plonger** tauchen – 15 **se comporter** sich verhalten – 16 **incompréhensible** qu'on ne peut pas comprendre – 18 **imprévisible** unberechenbar – 20 **secouer** *ici :* ausschütteln – 20 **une plume** Feder – 21 **l'agacement** *m* Irritation – 22 **se débarrasser de qc** etw entsorgen – 23 **tenir** *ici :* haften – 24 **une réussite** un succès – 24 **sur le plan…** in … Hinsicht

véritable réussite sur le plan chimique. Il a secoué ses plumes longtemps. Puis bientôt furieusement et désespérément. Il s'est alors frotté à se faire mal contre les barreaux de sa cage. Mais la teinture était mordante. Il a alors commencé, systématiquement, à s'arracher les plumes, une à une, avec son bec. Mais les plumes étaient nombreuses. Alors il a dû se décourager.

COBALT : Bleu c'est bleu, toujours bleu !

L'HOMME BLEU : Bleu c'est bleu, toujours bleu !

LE PROFESSEUR : Il s'est blotti dans un coin de la cage. Il a mis sa tête sous son aile. Et depuis huit jours il ne bouge plus, il ne chante plus. Il va sans doute bientôt mourir. Il ne mange même pas.

Cobalt et l'Homme bleu à la cloche, furieux, sortent avec leur escorte.

COBALT : Bleu c'est bleu ! Toujours bleu !

L'HOMME BLEU : Bleu c'est bleu ! Toujours bleu !

Le professeur Cérule et son alvéole laboratoire disparaissent.

27 **se frotter** sich reiben – 1 **les barreaux** *mpl* Gitterstäbe – 3 **mordant, mordante** beißend – 4 **arracher qc** etw auf- /herausreißen – 5 **le bec** la « bouche » d'un oiseau – 10 **se blottir** sich kauern – 11 **une aile** Flügel – 13 **sans doute** wahrscheinlich

Séquence 38

Dans un coin, deux Gangsters bleus préparent un mauvais coup.

1ER GANGSTER :	Je ne veux pas continuer à travailler bleu toute ma vie. Après ce coup-là, bleu, je me retire tranquille dans un coin bleu et je ne demande bleu plus rien à personne.
2ÈME GANGSTER :	Il y a quand même beaucoup de risques bleus.
1ER GANGSTER :	Tu te dégonfles, bleu ?
2ÈME GANGSTER :	Non. Mais j'aime bien savoir bleu où je mets les pieds.
1ER GANGSTER :	Le Comptable bleu est seul tous les soirs pour faire sa caisse. Il n'y a bleu qu'à se servir.
2EME GANGSTER :	Bon. D'accord bleu ! Je marche. Fifty-fifty ?
1ER GANGSTER :	Fifty-fifty !

Les Gangsters bleus sortent.

2 **un mauvais coup** krummes Ding – 6 **se retirer** sich zurückziehen – 10 **un risque** Risiko – 11 **se dégonfler** *fam* kneifen – 15 **faire la caisse** compter l'argent – 17 **marcher** *ici :* être d'accord

Séquence 39

Entrent Méthylène et Amer, qui porte toujours sa valise.

MÉTHYLÈNE : Il paraît bleu que chez toi les fleurs sont rouges.

AMER : Elles sont rouges en effet. Encore plus rouges que mes cheveux et que la terre aride. Elles sont rouges sous le soleil de cuivre.

MÉTHYLÈNE : Un pays rouge et un pays bleu. Tu crois qu'il existe quelque part un pays avec des fleurs de toutes les couleurs ?

AMER : S'il existe, il faudrait bientôt le trouver. S'il n'existe pas, il faudrait bien vite l'inventer.

Méthylène et Amer se sont assis sur un banc.

3 **il paraît** angeblich – 7 **aride** trocken – 10 **quelque part** irgendwo

Séquence 40

Entrent des Passants bleus.

1ER PASSANT : *(Il aperçoit Amer. Agressif, au 2ème Passant bleu.)* Tu ne sens rien, bleu ?

2ÈME PASSANT : *(Il n'a pas vu Amer et ne comprend pas.)* Non, bleu. Je ne sens rien de particulier.

1ER PASSANT : *(Il montre Amer.)* Cheveux rouges ! Tu ne sens pas bleu cette drôle d'odeur ?

2ÈME PASSANT : *(Il comprend enfin l'intention de son compagnon.)* Puant ! Insupportable bleu ! Qui est-ce qui sent bleu aussi mauvais ?

1ER PASSANT : *(Il parle de façon à ce que Amer et Méthylène l'entendent.)* Des cheveux ! Pour moi c'est, bleu, une odeur de cheveux !

2ÈME PASSANT : Oui, bleu ! C'est ça ! Des cheveux rouges ! Pouah !

Amer se lève énervé.

AMER : C'est pour moi que vous dites ça ?

1ER PASSANT : Tu parles. C'est peut-être moi, bleu, qui ai des cheveux rouges !

Le 1er Passant frappe Amer au visage.

2ÈME PASSANT : Il paraît qu'on leur donne bleu des certificats.

7 **particulier, particulière** exceptionnel – 9 **une odeur** Geruch – 11 **puant, puante** stinkend – 11 **insupportable** unerträglich – 22 **tu parles** *ici :* und ob

1ER PASSANT : Alors bien sûr, ils viennent bleu nous empester !

2ÈME PASSANT : S'affaler sur nos bancs bleus publics !

MÉTHYLÈNE : *(Elle retient Amer qui s'est relevé et qui veut répondre à l'agression.)* Calme-toi, Amer. Calme-toi. Ne réponds pas. C'est toi qui auras des ennuis. Cobalt les a rendus complètement fous !

2ÈME PASSANT : Et celle-ci qui, bleu, en oublie de parler bleu !

Les deux Passants bleus sortent.

2 **empester** verpesten – 3 **s'affaler** sich fallen lassen – 4 **retenir** zurückhalten – 7 **un ennui** *ici :* un problème – 8 **rendre qn fou** jdn verrückt machen

Séquence 41

MÉTHYLÈNE : Tu verras. Ça finira par s'arranger.

AMER : Cela ne s'arrangera pas. Je le sais maintenant. On s'est bien chargé de me le faire comprendre. Le Pays bleu et les cheveux rouges. Chacun de son côté. Chacun de chaque côté de la ligne. Je n'aurais jamais dû venir. Je vais repartir, retourner au Pays de Cuivre. Là-bas, je me souviendrai longtemps d'une belle fille bleue aux cheveux couleur de ciel.

MÉTHYLÈNE : Tu abandonnes, Amer ?

AMER : Je ne peux pas abandonner : je n'ai même pas de quoi payer mon retour.

Ils sortent.

2 **s'arranger** sich bessern – 4 **se charger de qc** s'occuper de qc

Séquence 42

Dans son alvéole, le Comptable bleu travaille. Les deux Gangsters bleus entrent, l'arme à la main.

LE COMPTABLE : Trente, trente bleu, trente trois.

1ER GANGSTER : Pas un geste, bleu !

2ÈME GANGSTER : Haut les mains, bleu ! Si tu nous laisses bleu faire il ne t'arrivera rien.

1ER GANGSTER : *(Il met les billets dans un sac.)* Tout l'argent est ici, bleu ? Pas de coffre ?

LE COMPTABLE : Pas de coffre. Vous avez tout, bleu.

2ÈME GANGSTER : *(à son complice)* Ça y est ! T'as fini, bleu ?

1ER GANGSTER : Terminé, bleu ! Une fortune bleue ! Encore plus que ce qu'on pensait !

Les deux Gangsters sortent en tirant quelques coups de feu en l'air.

LE COMPTABLE : Au secours ! Au secours bleu ! À l'aide ! Aux voleurs !

Des Soldats bleus sortent des tunnels et partent dans toutes les directions pour retrouver les gangsters.

1ER SOLDAT : Un hold-up ! Ils ont tout raflé bleu !

2ÈME SOLDAT : Par ici, bleu. Et toi par là. Il faut absolument bleu les coincer !

3 **une arme** Waffe – 9 **un coffre** Safe – 15 **un coup de feu** Schuss – 18 **Aux voleurs** ! Haltet die Diebe! – 21 **un hold-up** (Bank-)Überfall – 21 **rafler** *ici :* voler – 23 **coincer** *ici :* arrêter

CINQUIÈME PARTIE

Le procès

Séquence 43

L'alvéole palais du maréchal Cobalt.

Le dictateur devant un chevalet, peint minutieusement un motif bleu sur une grande toile bleue. Gestes et attitudes exagérés.

Près de lui, l'Homme bleu à la cloche essaie de l'intéresser à la situation politique du Pays bleu.

COBALT : C'est donc bleu si grave que cela bleu ?

L'HOMME BLEU À LA CLOCHE : Très grave bleu. La sécurité d'abord. Le peuple bleu n'obéit que lorsqu'il se sent protégé. Un hold-up comme celui-là peut nous être très préjudiciable bleu ! Une atteinte à notre propre autorité bleue. Il faut faire un exemple !

COBALT : Un exemple ?

L'HOMME BLEU : Notre comptable bleu ! C'est très grave bleu !

4 **un chevalet** Staffelei – 4 **minutieux, minutieuse** akkurat, akribisch – 5 **une toile** *ici :* Gemälde – 6 **une attitude** Haltung – 12 **la sécurité** Sicherheit – 13 **le peuple** Volk – 16 **préjudiciable** schädlich – 16 **une atteinte à** une attaque contre – 17 **propre** *ici :* eigen

COBALT : Et bien, faites un exemple bleu !

L'HOMME BLEU : J'ai quelqu'un de tout trouvé.

COBALT : Alors à vous d'agir bleu.

L'HOMME BLEU : Cheveux rouges ! Évidemment bleu ! Cheveux rouges !

L'alvéole palais du maréchal Cobalt disparaît.

Séquence 44

Madame Télévision bleue entre au même moment.

MADAME TÉLÉVISION BLEUE : Cheveux rouges ! Cheveux rouges !

Les Gens bleus du Pays bleu sortent des tunnels.

LES GENS BLEUS : *(Ils regardent Madame Télévision bleue.)* Cheveux rouges ? Cheveux rouges ?

MME TÉLÉVISION : Mais bien entendu ! Croyez-moi bleu ! Cheveux rouges ! Cheveux rouges !

LES GENS BLEUS : Évidemment, bleu ! Cheveux rouges ! On aurait dû, bleu, s'en douter ! Cheveux rouges ! Cheveux rouges !

La rumeur fait de plus en plus de bruit. Un soldat sort d'un tunnel et pousse brutalement Amer au milieu des Gens bleus du Pays bleu.

LES GENS BLEUS : Cheveux rouges ! Cheveux rouges !

AMER : Mais ce n'est pas moi. J'allais m'en aller. Voyez, j'ai préparé ma valise.

Entre l'Homme bleu à la cloche.

L'HOMME BLEU À LA CLOCHE : La justice bleue du Pays bleu en laquelle nous avons tous bleu confiance nous dira si cette accusation bleue est éventuellement bleu fondée.

13 **se douter de qc** etw ahnen – 15 **une rumeur** Gerücht – 26 **éventuellement** peut-être

Séquence 45

Trois Juges bleus apparaissent au sommet du décor.

1ER JUGE : Nom bleu ? Adresse ?

AMER : Amer. Je viens du Pays de Cuivre. Je cherche du travail.

LES GENS BLEUS : Cheveux rouges ! Cheveux rouges !

2ÈME JUGE : Pas de travail bleu, bien entendu. Alors évidemment, bleu, on vole, on pille, on tue !

AMER : Mais j'ai très vite compris que ce n'est pas possible. J'ai décidé de repartir.

LES GENS BLEUS : Cheveux rouges ! Cheveux rouges !

Méthylène arrive en courant.

MÉTHYLÈNE : Ce n'est pas lui. Il partait bleu. Il voulait repasser la ligne. Il est innocent.

3ÈME JUGE : *(Il prononce le verdict d'une voix dure.)* Cheveux rouges ! Cheveux rouges ! Cheveux rouges !

Une prison de fer descend et enferme Amer. Le tribunal bleu et les Gens bleus sortent. Méthylène s'approche de Amer et lui prend la main.

9 **piller** [pije] (aus)plündern – 10 **tuer** töten – 17 **innocent, innocente** unschuldig – 21 **une prison** Gefängnis – 21 **le fer** Eisen

Séquence 46

La Mère aux cheveux bleus appelle Méthylène sans oser l'approcher.

LA MÈRE AUX CHEVEUX BLEUS : Méthylène ! Méthylène ! Veux-tu venir, bleu ! Dévergondée ! Je t'interdis bleu de rester auprès de lui. Obéis ! Tu es du Pays bleu, ma fille ! Obéis bleu ! Quelle honte !

La Mère aux cheveux bleus sort, énervée.

Séquence 47

Amer offre à Méthylène l'instrument primitif donné par le Musicien aux cheveux rouges.

AMER : Tiens, Méthylène. C'est pour toi. Il te parlera du Pays de Cuivre.

6 **dévergondé, dévergondée** schamlos – 9 **la honte** *ici :* Schande

SIXIÈME PARTIE

L'expérience

Séquence 48

Le maréchal Cobalt rend à nouveau visite au professeur Cérule dans son alvéole laboratoire.

COBALT : Il ne faut pas bleu sortir du bleu. Vous avez enfin bleu trouvé quelque chose, professeur Cérule ?

LE PROFESSEUR : Rien de très précis, pour l'instant.

COBALT : Toujours rien ?

LE PROFESSEUR : Je n'ai pas dit : rien. J'ai dit rien de très précis. Ce qui n'a pas la même signification, littéralement et scientifiquement parlant.

COBALT : Littéral ! Scientifique ! J'en ai bleu assez de vos discours. Je vous ai chargé de me trouver rapidement une solution bleue, finale, expéditive ! Après le Pays bleu, le monde entier en bleu. Une seule couleur bleue, la mienne. Allez-vous oui ou non me trouver un moyen ou un engin capable de réaliser cela avec le

12 **une signification** Bedeutung – 12 **littéralement** wortwörtlich – 14 **scientifique** wissenschaftlich – 16 **charger qn de qc** jdm mit etw beauftragen – 17 **final, finale** définitif (→ la fin) – 17 **expéditif, expéditive** rapide – 21 **un engin** une machine – 22 **capable de** *+inf* qui peut

maximum de rapidité et d'efficacité bleue ? Cela fait plus d'un an que j'attends la fin de vos travaux bleus ! Allez-vous bientôt en terminer bleu une bonne fois pour toutes ?

LE PROFESSEUR : Il me faut tenter une dernière expérience.

COBALT : Tenter bleu une dernière expérience ! La dernière ? Vraiment ?

LE PROFESSEUR : La dernière. Je l'espère bien. Mais il me faut pour cela des moyens tout à fait exceptionnels.

COBALT : Tout ce que bleu vous voudrez.

LE PROFESSEUR : L'Homme aux cheveux rouges.

COBALT : Celui qui vient d'être mis en prison ?

LE PROFESSEUR : Lui-même.

COBALT : C'est d'accord. C'est d'accord bleu. Mais sachez bleu que c'est la dernière fois bleue que je vous fais bleu confiance !

Cobalt sort. L'alvéole laboratoire disparaît.

1 **la rapidité** → rapide – 1 **l'efficacité** *f* Effizienz – 5 **une bonne fois pour toutes** ein für alle Mal – 6 **tenter** essayer, faire – 11 **tout à fait** *ici :* vraiment

Séquence 49

Entre Madame Télévision bleue.

MADAME TÉLÉVISION BLEUE :

D'importantes mesures de sécurité viennent, bleu, d'être prises autour du laboratoire bleu du professeur Cérule. Une nouvelle expérience est imminente. De source généralement bleue informée, on assure que ces nouveaux travaux ont pour but de favoriser le règne bleu de notre cher Pays bleu sur le monde entier.

Madame Télévision bleue sort.

Séquence 50

Troisième retour en arrière.

Thème musical du Pays de Cuivre.

La Mère aux cheveux rouges apparaît à nouveau.

LA MÈRE AUX CHEVEUX ROUGES :

Tu seras si loin de nous. N'oublie pas. N'oublie pas mon fils. N'oublie pas le Pays de Cuivre.

4 **une mesure** Maßnahme – 8 **imminent, imminente** bevorstehend – 10 **un but** Ziel – 11 **favoriser** begünstigen – 11 **un règne** Herrschaft

Séquence 51

Entre la Vieille Dame bleue à la longue vue.

LA VIEILLE DAME BLEUE À LA LONGUE VUE : *(Elle observe l'horizon.)* Une fois il m'avait semblé voir une couleur différente. Mais plus rien tout à coup. Nous sommes retombés, bleus, dans tout ce bleu.

Séquence 52

Le professeur Cérule présente le résultat de sa dernière expérience à Cobalt et aux Gens bleus du Pays bleu.

MADAME TÉLÉVISION BLEUE : Chers amis bleus, nous avons le grand privilège bleu de vous permettre d'assister en direct bleu à la dernière expérience bleue de l'illustre professeur Cérule.

Le professeur Cérule enlève le voile qui était sur la tête de Amer. Ses cheveux sont d'un bleu éclatant.

LE PROFESSEUR : Et voilà !

COMPTABLE BLEU : Expérience 3493 bis. Des cheveux rouges teints en bleu deviennent bleus !

MME TÉLÉVISION : Bravo. Bravo bleu !

COBALT : C'est très bleu, très bleu, très réussi.

15 **assister à qc** etw beiwohnen – 17 **illustre** célèbre – 18 **un voile** Schleier – 19 **éclatant, éclatante** knallig

L'HOMME BLEU À LA CLOCHE : Le professeur Cérule a enfin réussi quelque chose ?

COBALT : Vous êtes vraiment bleu, un très grand savant.

LE PROFESSEUR : Rien de bien difficile, croyez-moi. Un travail d'apprenti coiffeur. Mais c'est surtout, bleu, la suite qui m'intéresse.

COBALT : Ce n'est pas bleu fini ?

L'HOMME BLEU À LA CLOCHE : Vous savez très bleu que le professeur Cérule n'en finit jamais avec ses expériences.

LE PROFESSEUR : Celle-ci ne fait que commencer. Et elle sera bleue, finale, définitive et expéditive. Comme on me l'a demandé.

Séquence 53

Entre Méthylène.

MÉTHYLÈNE : Amer ? Je m'appelle Méthylène.

Méthylène découvre les cheveux bleus.

MÉTHYLÈNE : Amer ? Non. ce n'est pas toi. Tu n'es plus l'Homme aux cheveux rouges. Tu ressembles, bleu, à tous les gens d'ici. Je ne te reconnais plus. Je ne te connais pas.

Méthylène se retourne et s'en va lentement.

7 **un apprenti** Lehrling

Séquence 54

COBALT : Parfait. Sublime bleu ! On ne le reconnaît même plus.

LE PROFESSEUR : *(à Amer, désolé par l'attitude de Méthylène)* Il faut continuer. N'abandonnez pas. Ce n'est pas le moment. Vous n'avez pas fini.

AMER : C'est vrai, il faut continuer. Il faut jouer les cheveux bleus jusqu'au bout de l'expérience.

Séquence 55

Amer s'approche de Cobalt et de l'Homme à la cloche.

AMER : Bonjour messieurs. Quel bleu temps !

L'HOMME BLEU À LA CLOCHE : Quel bleu temps ? Il parle bleu. C'est très bleu.

COBALT : Il est bleu. Il est tout à fait bleu.

L'HOMME BLEU : On finit toujours par devenir bleu, au Pays bleu.

AMER : Non, je ne suis pas encore tout à fait bleu. Il me faudrait aussi des vêtements bleus. *(Il s'adresse à un soldat bleu.)* Passe-moi bleu ton manteau s'il te plaît.

LE SOLDAT BLEU : Mon manteau ? Mon manteau bleu ? *(Il est paniqué.)* Jamais. Jamais bleu. Je ne veux pas.

2 **sublime** magnifique – 9 **le bout** la fin – 20 **tout à fait** gänzlich

AMER : Passe-moi ton manteau bleu.

LE PROFESSEUR : Obéis. Cela fait partie de l'expérience !

COBALT : Et c'est un ordre, bleu ! Passe bleu ton manteau.

Amer prend le manteau bleu du Soldat bleu.

Le Soldat bleu sous son manteau porte des vêtements de couleur.

L'HOMME BLEU À LA CLOCHE : Malheureux ! Veux-tu bleu te rhabiller.

COBALT : Oser se montrer ainsi en public bleu !

Certains Gens bleus remettent leurs vêtements ou leurs coiffures en ordre. Ils semblent s'inquiéter.

L'HOMME BLEU À LA CLOCHE : *(au Soldat bleu)* Va vite te rhabiller bleu. Va vite te rhabiller.

Le Soldat bleu court se cacher dans un tunnel.

2 **faire partie de qc** zu etw gehören – 11 **se rhabiller** → s'habiller – 12 **en public** in der Öffentlichkeit

Séquence 56

Amer met le manteau bleu du Soldat. Il ressemble alors aux Gens bleus du Pays bleu mais ses cheveux sont d'un bleu beaucoup plus brillant.

AMER : Et voilà. Bleu. Je suis bleu. *(Il montre ses cheveux.)* Et même plus que bleu ! Je suis bleu ! Je suis bleu plus que bleu !

COBALT : Mais oui plus que bleu. Vous allez pouvoir travailler bleu.

LE PROFESSEUR : *(à Amer)* Allez-y, continuez.

COBALT : Continuez ?

L'HOMME BLEU À LA CLOCHE : *(au Maréchal Cobalt)* Je n'aime pas du tout cela. Méfiez-vous bleu. Il y a bleu, là-dessous des choses que je ne comprends pas.

LE PROFESSEUR : L'expérience ! L'expérience que vous m'avez demandée, bleue, finale, définitive, expéditive !

COBALT : *(à l'Homme bleu à la cloche)* Où veut-il bleu en venir ? Qu'est-ce que cela signifie ?

AMER : *(Il fait le salut du Pays bleu.)* Bleu c'est bleu !

Cobalt et tous les Gens bleus du Pays bleu sont alors obligés de se figer pour répondre au salut.

15 **se méfier** être prudent – 21 **Où veut-il en venir ?** Was hat er vor? – 27 **obliger** zwingen

LES GENS BLEUS : Bleu c'est bleu !

LE PROFESSEUR : Très bien, Amer ! L'expérience se poursuit normalement. Continuez.

COBALT : Pas du tout. Restons-en là ! Qu'est-ce que c'est que cette expérience ? Tout le monde bleu au travail ! Au travail !

L'HOMME BLEU À LA CLOCHE : *(Il fait sonner sa cloche.)* Au travail bleu ! Au travail !

Les Gens bleus retournent à leur travail mais Amer les arrête en les obligeant à saluer encore une fois.

AMER : Bleu c'est bleu !

Tous répondent au salut.

LES GENS BLEUS : Bleu c'est bleu !

COBALT : *(à l'Homme bleu à la cloche)* Sonnez, vite, sonnez. Sonnez bleu !

L'HOMME BLEU À LA CLOCHE : Au travail ! Au travail bleu ! L'expérience bleue est terminée.

Les Gens bleus veulent retourner à leur travail. Amer les arrête une fois de plus de la même façon.

AMER : Bleu c'est bleu !

Les Gens bleus reviennent rapidement pour saluer encore une fois.

LES GENS BLEUS : Toujours bleu !

AMER : Plus que bleu ! Plus que bleu !

LES GENS BLEUS : Plus que bleu ! Plus que bleu !

AMER : Plus que bleu ! Plus que bleu ! Il faut sortir du bleu !

LES GENS BLEUS : Il faut sortir du bleu ! Assez de tout ce bleu ! Il faut sortir du bleu !

L'Homme bleu à la cloche sonne furieusement mais personne ne lui obéit.

L'HOMME BLEU À LA CLOCHE : Au travail ! Au travail bleu ! C'est un ordre bleu !

Séquence 57

Le Soldat bleu de la Séquence 55 sort d'un alvéole. Il porte des tracts de toutes les couleurs qu'il distribue aux Gens bleus du Pays bleu.

COBALT : Arrêtez ! Arrêtez bleu ! Et taisez-vous ! Taisez-vous bleu ! Quand le calme bleu sera revenu je saurai bien vous faire obéir.

L'HOMME BLEU À LA CLOCHE : Au travail ! Au travail bleu !

LE PROFESSEUR : Il faut aller jusqu'au bout, jusqu'au bout de l'expérience !

COBALT : Oh, vous ! Bleu ! J'aurais dû me méfier !

LE COMPTABLE : *(Il enlève ses lunettes et regarde un tract.)* Je n'y comprends bleu plus rien. Ce n'est plus une expérience. C'est une émeute. Une révolution !

12 **un tract** Flugblatt – 14 **se taire** ne pas parler – 27 **une émeute** une révolte

LE PROFESSEUR : Une expérience signée professeur Cérule !

MADAME TÉLÉVISION BLEUE : *(à l'Homme bleu à la cloche)* Alors, bleu, qu'est-ce que je chante au prochain communiqué ? Bleu ou plus que bleu ?

Séquence 58

Au milieu du chaos, la Vieille Dame bleue à la longue vue s'est assise. Elle observe l'horizon. Un groupe de gens bleus du Pays bleu se forme autour d'elle.

LA VIEILLE DAME BLEUE À LA LONGUE VUE : Là-bas, de l'autre côté de la ligne, il y a des gens plus que bleu. Des gens de couleur, comme on les appelle. Des gens de toutes les couleurs.

Les Gens bleus se passent la longue vue et regardent au loin les uns après les autres.

Séquence 59

Amer enlève le manteau bleu. Il arrache du décor d'immenses morceaux de couleur bleue qui laissent apparaître de grandes fissures de toutes les couleurs.

COBALT : Ne touchez pas. Ne touchez pas au bleu.

L'HOMME BLEU À LA CLOCHE : Je vous interdis. Soldats bleus, obéissez !

AMER : Plus que bleu ! Plus que bleu !

COBALT : Bleu c'est bleu. Un point c'est tout. Toujours bleu. Cessez avec votre plus que bleu. Cessez ! Cessez !

LES GENS BLEUS : Plus que bleu ! Plus que bleu !

L'HOMME BLEU À LA CLOCHE: Bleu c'est bleu. Ne discutez pas !

3 **un morceau** Stück – 4 **une fissure** Riss – 5 **toucher à qc** etw berühren – 12 **cesser** arrêter

Séquence 60

Personne n'obéit plus ni à Cobalt ni à l'Homme bleu à la cloche. La Vieille Dame bleue à la longue vue commente tranquillement ce qu'elle voit au loin.

LA VIEILLE DAME BLEUE À LA LONGUE VUE :

Un pays plus que bleu, avec des gens de toutes les couleurs. Un pays bien loin de nous. Un pays si lointain qu'on l'aperçoit dans une espèce de brouillard. Existe-t-il vraiment ? Cet appareil m'a déjà joué des tours. Je ne crois pas forcément tout ce qu'il me montre.

Derrière elle, comme des automates, quelques Gens bleus du Pays bleu déchirent lentement leurs vêtements bleus. Chaque vêtement arraché laisse apparaître des couleurs différentes. D'autres enlèvent leurs perruques bleues. Des cheveux multicolores apparaissent.

8 **lointain** loin – 10 **le brouillard** Nebel – 11 **un appareil** Gerät – 11 **jouer des tours à qn** jdn täuschen – 12 **forcément** automatiquement – 18 **multicolore** bunt

Séquence 61

Musique : thème de l'écroulement du Pays bleu.

L'Homme bleu à la cloche rentre en courant dans un tunnel. Cobalt erre seul, comme affolé.

COBALT : Mon Pays bleu. Ils détruisent mon Pays bleu. L'Homme aux cheveux rouges ! Et le professeur Cérule ! Ce magnifique Pays bleu que j'avais construit dans la tête des gens. Bleu c'est bleu, toujours bleu ! Une seule couleur, la mienne ! Une seule couleur bleue, la mienne, la mienne !

La musique devient plus forte.

COBALT : Et tout le monde m'obéissait. Bleu c'est bleu, toujours bleu ! Tout le monde se faisait bleu ! Le Pays bleu. C'était moi qui avais bâti le Pays bleu. Bleu c'est bleu, toujours bleu. Une seule couleur, la mienne. Où est-il maintenant le Pays bleu ? Vous savez où se trouve le Pays bleu ? Vous savez où se trouve le Pays bleu ?

L'Homme bleu à la cloche revient avec deux valises à la main. Il quitte la scène en entraînant Cobalt.

La musique devient encore plus forte.

Les tunnels et les alvéoles du décor s'écroulent.

2 **l'écroulement** *m* Zusammenbruch – 4 **errer** umherirren – 4 **affolé**, **affolée** rendu fou – 26 **s'écrouler** zusammenbrechen

Séquence 62

La musique s'arrête. Un grand silence revient sur le Pays bleu détruit. Des Gens bleus s'animent peu à peu en découvrant les couleurs différentes qui sont apparues. Amer enlève sa perruque bleue et ses cheveux rouges apparaissent à nouveau.

AMER : Il n'y a plus de Pays bleu. Il n'y a pas de Pays bleu.

Méthylène entre et traverse les ruines.

MÉTHYLÈNE : Amer ! Je te retrouve enfin.

AMER : Méthylène ! Tu es si belle avec tes cheveux bleus.

Musique : thème du Pays de Cuivre.

MÉTHYLÈNE : *(Elle montre à Amer l'instrument de musique qu'il lui avait donné.)* Tu vois, je l'ai gardé.

AMER : Le Pays de Cuivre. Le Pays bleu. Je veux partir. Partons Méthylène.

MÉTHYLÈNE : Partons Amer. Je vais avec toi.

LE PROFESSEUR CÉRULE : Vous voulez partir ?

AMER : Je veux construire une maison d'argile. Dans un pays de toutes les couleurs.

LE PROFESSEUR : Un pays de toutes les couleurs ?

LA VIEILLE DAME BLEUE À LA LONGUE VUE : Il n'existe peut-être pas. Mais si j'en crois ma longue vue, et elle me joue parfois des tours, il est là-bas, plus

29 **parfois** quelquefois (manchmal)

loin. Il faut marcher longtemps, droit devant soi.

MADAME TÉLÉVISION BLEUE : *(au professeur Cérule)* Alors qu'est-ce que je dis moi ? Il faut pourtant que je dise quelque chose.

LE PROFESSEUR : Taisez-vous, cela vaut beaucoup mieux pour l'instant. Tout est à recommencer.

Amer et Méthylène se préparent à partir.

MÉTHYLÈNE : *(au professeur Cérule et à la Vieille Dame)* Vous ne venez pas avec nous ?

LE PROFESSEUR : Il reste beaucoup à faire par ici. Nous sommes déjà vieux.

LA VIEILLE DAME : *(à Méthylène et à Amer)* Mais vous êtes jeunes, vous. Le pays de toutes les couleurs. Ne vous découragez surtout pas !

AMER : *(Il prend Méthylène par la main.)* Allons, Méthylène. Viens ! Viens vite !

Amer et Méthylène sortent en traversant les ruines du Pays bleu. Ils marchent lentement vers un horizon indéfini.

FIN

1 **droit devant soi** geradewegs – 7 **cela vaut mieux** c'est mieux – 23 **indéfini, indéfinie** unbestimmt

Votre compte rendu de lecture

Falls ihr z. B. einen Roman völlig selbständig lesen wollt (was ja durchaus mal vorkommen kann), dann könnt ihr als kleine Merkhilfe ein Leseprotokoll (un compte rendu de lecture) führen, damit ihr nach Unterbrechungen schnell den Wiedereinstieg findet.

In das Leseprotokoll (Beispiel siehe S. 86) könnt ihr die wichtigsten Informationen eintragen, die ihr bei der Lektüre gewinnt. Ferner könnt ihr darin auch eure Meinung zu wichtigen Vorkommnissen äußern usw.

Das Wichtigste: Das Leseprotokoll sollte eine freiwillige Angelegenheit sein und nur eine Hilfe für eure persönliche Lektüre sein. Und außerdem: Die Leseprotokolle können auch hilfreich sein, wenn ihr irgendwann einmal eine „Erinnerung“ an ein früher gelesenes Buch sucht.

Aujourd'hui, ______________________________ ,

j'ai lu le(s) chapitre(s) : ______________________

de la page __________ à la page __________.

Ce que j'ai appris sur :

les personnages : ____________________.

____

____

leur situation : ______________________.

____

le déroulement de l'action : __________________

____

D'autres informations importantes :____________

____

Ce qui m'a plu : ______________________________

____

Ce qui ne m'a pas plu : ______________________

____

Les mots les plus importants : ______________

____

Les difficultés que j'ai rencontrées :_________

____

Avant la lecture

Faites un ou deux des exercices suivants (au choix).

1 a) Recherchez (par ex. dans la nature) des choses ou des objets qui sont souvent de couleur bleue. Faites une première liste avec le nom de ces choses.
b) Faites la même chose avec les objets de couleur rouge puis comparez vos deux listes : Qu'est-ce que vous constatez ?

2 a) Quelles « qualités » est-ce que vous associez aux différentes couleurs ? Reliez (d'un trait de crayon) chaque couleur aux adjectifs qui, pour vous, correspondent le mieux à ces couleurs.

chaud	– *vert* –	agressif
triste	– *bleu* –	calme
frais	– *rouge* –	mort
gai	– *jaune* –	fort
pur	– *blanc* –	froid
calme	– *noir* –	riche
mélancolique	– *gris* –	optimiste

b) Comparez vos résultats avec ceux de vos voisins.

3 a) Rassemblez le plus de mots possibles qui riment avec *bleu*.
b) Écrivez un petit poème absurde ou amusant d'au moins quatre lignes. Toutes les lignes doivent se terminer par des rimes que vous avez trouvées.

Pendant la lecture

Première partie (séquences 1 à 5)

1 Quelle impression du Pays bleu est-ce que vous avez après la « vision de rêve » de la séquence 2 ?
2 Quelles différences y a-t-il entre le Pays de Cuivre et le Pays bleu ? Quel est le pays le plus « sympathique » ?
3 Pourquoi le jeune Amer veut-il quitter son pays ?
4 Quel rôle l'Homme au chapeau bleu joue-t-il ?

Deuxième partie (séquences 6 et 7)

1 Notez tous les détails de ces deux séquences qui montrent que le Soldat bleu n'est pas juste.
2 Que veut dire le soldat quand il parle de Amer en disant *« les gens de ton espèce »* (p. 23) ?
3 À votre avis, comment s'explique le comportement du soldat ? Comment trouvez-vous ce comportement ?

Troisième partie (séquences 8 à 14)

1 À partir des séquences 10, 11 et 13, caractérisez le Pays bleu.
   a) Quel rôle joue la nature dans le Pays bleu ?
   b) À quoi les Gens du Pays bleu sont-ils surtout occupés ?

c) Quels parallèles peut-on faire entre le Pays bleu et le monde des fourmis *(Ameisen)* ou des abeilles *(Bienen)* ?
d) Quel est le rôle de Madame Télévision bleue et à quoi sert la télévision dans le Pays bleu ?
e) Le Pays bleu correspond-il à la « vision de rêve » d'Amer (séquence 2) ? À votre avis, est-ce que *« vivre bleu, c'est merveilleux »* (p. 12) ?

2 a) Expliquez la « logique » du Mendiant, dans la séquence 12.
b) Et vous, qu'en pensez-vous ? Les mendiants sont-ils « utiles » dans notre société ?

3 a) Qu'est-ce que la Femme et l'Homme bleus trouvent dégoûtant dans la séquence 14 ? Que pensez-vous de cette réaction ?
b) Avez-vous déjà remarqué des réactions identiques autour de vous, dans notre société ? Racontez.

4 Écrivez un petit texte qui raconte l'arrivée d'Amer dans le Pays bleu (séquences 6 à 14). Utilisez le « parler bleu » !

Troisième partie (séquences 15 à 22)

1 Un nouveau personnage apparaît dans la séquence 15 : Méthylène. En quoi ce personnage est-il différent des autres gens du Pays bleu ?

2 À votre avis, pour quelles raisons les Gens du Pays bleu ne répondent pas à Amer, dans la séquence 16 ?

3 a) Séquence 17 : Pourquoi est-il important que les gens du Pays bleu dorment bien ?
b) Comment peut-on aussi comprendre la phrase de Mme Télévision *« Je vous endors »* (p. 31) ?

4 a) Quel rôle joue la musique, pour Amer ?

b) Pourquoi est-ce que les gens du Pays bleu n'aiment pas la musique d'Amer ?
c) Et vous, est-ce que vous aimez la musique chinoise ou arabe ? Si ce n'est pas le cas : pourquoi pas ?

Quatrième partie (séquences 23 à 36)

1 À quoi remarque-t-on que le professeur Cérule n'est pas comme les autres gens du Pays bleu ?
2 Le dictateur Cobalt semble très intéressé par l'expérience du professeur Cérule. À votre avis, à quoi pourrait bien servir cette expérience ? *(Inventez* des idées d'expériences aussi originales que possible !)
3 Racontez comment se passe l'« examen » d'Amer dans les « matières » lire, écrire et compter (séquences 30 et 31). Que pensez-vous du « résultat » de cet examen ?
4 Quels sont tous les travaux que pourrait faire Amer (séquence 34) ? De quel genre de travaux est-ce qu'il s'agit ? (Souvenez-vous : Amer a fait des études !)
5 Commentez les réactions des gens bleus dans la séquence 34. Est-ce que ces réactions vous rappellent des paroles que vous avez déjà entendues ?
6 Mettez-vous à la place d'Amer et écrivez une petite lettre à sa mère : Amer y raconte ce qui se passe autour de lui et se plaint des réactions des gens bleus.

Quatrième partie (séquences 37 à 42)

1 a) Décrivez l'expérience du professeur Cérule (séquence 37). À votre avis, pourquoi Cobalt aimerait-il que cette expérience soit un succès ?
   b) Généralement, qu'est-ce que les oiseaux symbolisent ? Expliquez la réaction de l'oiseau des îles après l'expérience.

2 Séquence 40 : À votre avis, est-ce qu'Amer sent vraiment mauvais ? Pourquoi les deux passants critiquent-ils son odeur ?

3 Retrouvez dans les séquences 7, 14, 21 et 34 tous les autres reproches *(Vorwürfe)* que les gens bleus font à Amer et aux habitants du Pays de Cuivre.

4 Que pensez-vous des réactions de Amer dans les séquences 40 et 41 ? Sont-elles justifiées ?

Cinquième partie (séquences 43 à 47)

1 Expliquez pourquoi Amer doit être jugé.

2 Expliquez la « logique » du deuxième juge et montrez que le procès est injuste.

3 Si les juges étaient justes et si Amer avait un vrai défenseur, il ne serait peut-être pas en prison à la fin de la séquence 45.
Mettez-vous à la place d'un défenseur et préparez la défense de Amer : Écrivez un texte que vous lirez aux juges. Vous pouvez choisir un défenseur qui vient du Pays de Cuivre ou bien du Pays bleu (dans ce cas, il faut écrire le texte en « parler bleu »).

Sixième partie (séquences 48 à 62)

1 Racontez comment se passe la dernière « expérience » du professeur Cérule. Dites :
   a) quel rôle Amer y joue (et expliquez sa tactique) ?
   b) quel est le but de l'expérience ?
   c) qui sont les « gagnants » et les « perdants » ?
2 Comment peut-on comprendre le fait que les gens du Pays bleu cachaient d'autres couleurs sous leurs vêtements ? Que signifie le fait d'être multicolore (par opposition au fait d'être bleu) ?
3 Décrivez l'atmosphère des dernières séquences. Retrouvez tout les éléments qui correpondent à l'*ordre* et au *désordre*. Qu'est-ce que vous constatez ?
4 Quel rôle joue la vieille dame à la longue vue dans cette pièce ?
5 Imaginez une suite à cette histoire : Où vont Amer et Méthylène et que vont-ils faire ? Et Cérule, Cobalt, Mme Télévision et les autres gens du Pays bleu ?

Après la lecture

1 Est-ce que cette histoire vous a plu ? Dites pourquoi (ou pourquoi pas).

2 Les noms des personnages de cette pièce n'ont pas été choisis au hasard, ils ont une signification. À l'aide de vos dictionnaires, recherchez la signification des noms suivants et expliquez pourquoi ils ont été choisis par l'auteur :
a) *Amer;*
b) *Méthylène;*
c) *Cobalt;*
d) *Cérule.*

3 L'*Histoire aux cheveux rouges* est une pièce de *théâtre* : elle a été écrite pour être lue, mais aussi et surtout pour être *jouée.*
PROJET : En groupes, préparez la mise en scène de cette pièce. Chaque groupe s'occupe d'un ou de plusieurs des sujets suivants :
- Les décors (les dessiner, les réaliser).
- Les costumes et les accessoires (à rechercher ou à dessiner et à réaliser).
- La technique (son et lumière).
- La musique (à choisir ou à composer ?)
- Le texte (comment le « préparer » pour qu'il soit plus facile à apprendre ?)
- Régie (compléter ou modifier les indications de l'auteur ?), organisation et coordination.

LE GÉRONDIF

In dem Roman kommt eine weitere Verbform vor, die im Unterricht wahrscheinlich noch nicht behandelt worden ist: das Gerundium (*le gérondif*), eine Verbform, die es im Deutschen nicht gibt. Ihr sollt diese Form noch nicht aktiv beherrschen. Damit ihr sie im Text aber erkennt und versteht, findet ihr hier eine kurze Einführung.

1. Bildung des *gérondif*

Man nimmt die erste Person Plural Präsens, ersetzt die Endung *-ons* durch ***-ant*** und setzt die Präposition ***en*** davor.

Beispiele:

TIRER	CHOISIR	TENDRE
nous tir-*ons*	nous choisiss-*ons*	nous tend-*ons*
en tir**ant**	**en** choisiss**ant**	**en** tend**ant**

Es gibt nur drei Ausnahmen :

ÊTRE (en étant), AVOIR (en ayant) et SAVOIR (en sachant).

Das *gérondif* ist unveränderlich.

2. Gebrauch des *gérondif*

1 Amer va vers le soldat **en tendant** son certificat. (p. 21)
(= Amer va vers le soldat et tend son certificat)

2 Des Gens bleus s'animent peu à peu **en découvrant** les couleurs différentes (p. 80)
(= … *alors qu'ils* découvrent .)

3 Les gangsters sortent **en tirant** quelques coups de feu. (p. 60)
(= sortent *de la façon suivant / comme ça :* ils tirent.)

Mit dem *gérondif* kann man Sätze verkürzen.

Im Roman steht das *gérondif* in Sätzen,

- die die Gleichzeitigkeit von Ereignissen („während/als/und" → Beispiele 1 und 2),
- oder die Art und Weise eines Geschehens („indem" → Beispiel 3)

Wichtig: Es kann aber nur dann verwendet werden, wenn in Haupt- und Nebensatz *dasselbe Subjekt* steht bzw. gemeint ist.

Liste des abréviations

≠	antonyme de
→	mot de la même famille
°	après l'article, pas de liaison
[']	pas de liaison
etw	etwas
f	féminin
fam	familier
fpl	féminin pluriel
inf	infinitif
jdm	jemandem
jdn	jemanden
m	masculin
mpl	masculin pluriel
qc	quelque chose
qn	quelqu'un